Über den Wolken

arsEdition

Über den Wolken

Fotografien von Renate, Laura, Teresa & Georg Lehmacher

arsEdition

In einigen Fällen war es nicht möglich, für den Abdruck der Texte
die Rechteinhaber zu ermitteln.
Honoraransprüche der Autoren, Verlage und ihrer Rechtsnachfolger bleiben gewahrt.

Fotografien: Renate, Laura, Teresa und Georg Lehmacher
ISBN-13: 978-3-7607-2383-9
ISBN-10: 3-7607-2383-7
Printed by Tien Wah Press

www.arsedition.de

Sehnsucht
aber und Verlangen hebt vom Boden in die Höh.
Johann Wolfgang von Goethe

Man kann die
seligsten Tage haben,
ohne etwas anderes dazu zu gebrauchen
als blauen Himmel und
grüne Frühlingserde.
Jean Paul

Die Sonne
ist in Purpurfluten versunken,
die Mittagswinde kühlen ihre heißen Flügel
in den Düften der Nacht
und die freundlichen Sterne steigen herauf
und erwecken zu Leben und Freude.
Karoline von Günderode

Freiheit

Lass die *Begeisterung*
die kühnen Flügel schwingen, zu dir, zu dir,
des hohen Fluges Ziel,
mich über *Sphären* himmelan gehoben,
getragen sein vom herrlichen Gefühl,
den Abend und des Abends Schöpfers loben,
durchströmt vom paradiesischen Gefühl.

Friedrich von Schiller

Abstand
gewinnen

Es ist kein Geschöpf
so klein und unbedeutend, dass es
nicht eine Spur der Güte Gottes
an sich trüge.

Thomas von Kempen

Glück
strahlt zurück wie
das *Licht* des Himmels.
Friedrich von Schiller

Klopfe im
Himmel an
und höre den Ton.
Zen-Weisheit

Der Traum belehrt uns auf eine merkwürdige
Weise von der Leichtigkeit unserer Seele.
Novalis

Je freier
man atmet, je freier *lebt* man.

Theodor Fontane

Über dem Horizont

Die höchste Form des Glücks ist ein Leben mit einem gewissen Grad an Verrücktheit.

Erasmus von Rotterdam

Im Traum
und in der Liebe
ist nichts unmöglich.
Weisheit aus Ungarn

Ohne Regen
kein Regenbogen.
Weisheit aus Deutschland

Wende dein Gesicht
der Sonne zu,
dann fallen die
Schatten hinter dich.
Weisheit aus Afrika

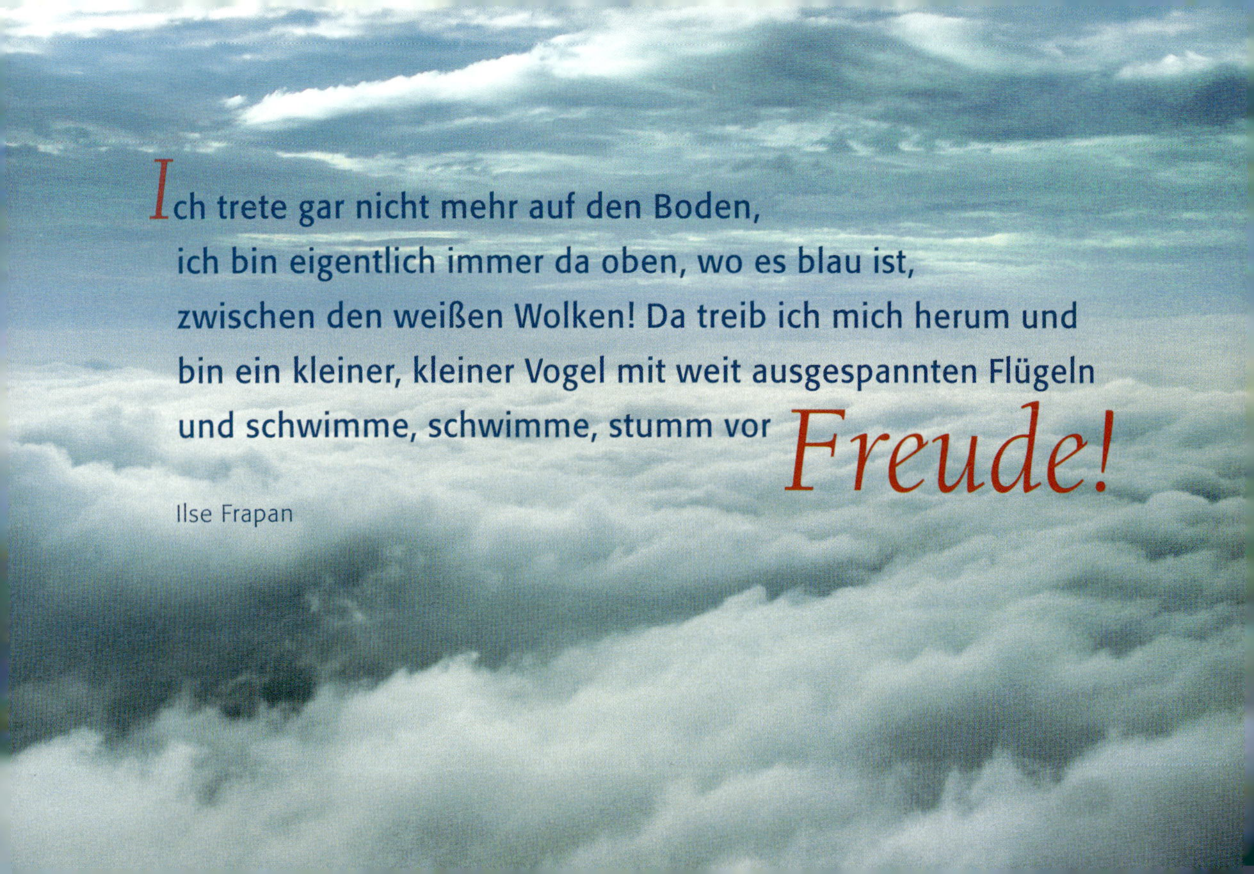

Ich trete gar nicht mehr auf den Boden,
ich bin eigentlich immer da oben, wo es blau ist,
zwischen den weißen Wolken! Da treib ich mich herum und
bin ein kleiner, kleiner Vogel mit weit ausgespannten Flügeln
und schwimme, schwimme, stumm vor *Freude!*

Ilse Frapan

Traumtänzer

Groß ist das *Leben*,
wahr und sinnbildlich – allüberall
und für jedermann.

Walt Whitman

...das halte ich für das beste Gefühl:
einsam und doch
in einer großen Gemeinsamkeit...

Rainer Maria Rilke

Der lebt nicht,
dessen Haupt nicht im Himmel steht,
auf dessen Brust nicht die Wolken ruhen,
dem die Liebe nicht
im Schloß wohnt
und dessen Fuß
nicht in der Erde wurzelt.
Clemens Brentano

Träumt einer allein, ist es nur ein Traum.
Träumen viele gemeinsam, ist es der Anfang von etwas Neuem.
Weisheit aus Brasilien

Jeder Tag ist ein
Geschenk des Himmels
und birgt unendlich viel verborgene Schönheit in sich.
Marja Markow

Welch Glück ist es,
ein leichtes, ein freies Herz zu haben.
Johann Wolfgang von Goethe

Genieße deine
Freiheit und gib deiner
Seele Raum zum Atmen.
Viktor Levin

Was immer du tun kannst
oder träumst, es tun zu können,
fang damit an!
Mut hat Genie,
Kraft und Zauber in sich.
Johann Wolfgang von Goethe

Bedenke,
was der Himmel hat geordnet,
kann der Himmel ändern.
Aus der chinesischen Liedersammlung „Shi-King“

Wer wagt, durch das Reich der Träume zu schreiten,
gelangt zur Wahrheit.
Johann Wolfgang von Goethe

Siehst du die silberflimmernden
Sterne blühen?
Clara Müller-Jahnke

Grenzenlos

Es wiederholt sich alles Bedeutende im großen Weltgang,
der Achtsame bemerkt es überall.
Johann Wolfgang von Goethe

Fliegen lernen

Größe und Demut
schließen einander nicht aus.
Wilhelm Dilthey

Die *Ruhe der Seele* ist
ein herrliches Ding.

Das wahre
Geheimnis des Lebens
liegt im Suchen nach der Schönheit.
Oscar Wilde

Nichts gibt Sicherheit außer der Wahrheit;
nichts gibt Ruhe als das ehrliche Suchen
nach der *Wahrheit.*

Blaise Pascal

Wir bedürfen eines kleinen Kreises,
um groß zu sein, und sind klein,
wenn wir die Welt umfassen wollen.

Theodor Fontane

Nur der erste Schritt
macht Schwierigkeiten.
Madame du Deffand

Es gibt keine Sorge auf der Erde, die der Himmel nicht heilen könnte.
Sir Thomas More

Kraft

Aufgabe des Lebens, seine Bestimmung ist Freude.
Freue dich über den Himmel, über die Sonne,
über die Sterne, über Gras und Bäume,
über die Tiere und die Menschen.
Leo N. Tolstoi

Die Sehnsucht ist es,
die unsere Seele nährt,
und nicht die Erfüllung.
Arthur Schnitzler

Den Blickwinkel ändern

In des Herzens heilig
stille Räume musst du fliehen
vor des Lebens Drang.
Friedrich von Schiller

Was wäre das Leben,
hätten wir nicht den Mut,
etwas zu
zu riskieren?
Vincent van Gogh

Der Glaube an unsere Kraft kann
sie ins Unendliche verstärken.
Friedrich von Schlegel

Liegt das Gestern *klar und offen*,
wirst du heute kräftig frei.

Johann Wolfgang von Goethe

Wir kamen zu der Einsicht, dass es müßig sei,
nach dem Sinn des Lebens
zu fragen, denn das Leben
ist keine Antwort, das Leben
ist die Frage und du
selbst bist die Antwort.
Vergil

Ja, ich bin ein Träumer... denn nur Träumer
finden ihren Weg durchs Mondlicht
und erleben die Morgendämmerung,
bevor die Welt erwacht.
Oscar Wilde

Die *Zeit erkennen,*
das heißt, die Vergangenheit
und die Gegenwart **richtig begreifen.**

Weisheit aus Asien

Die Hoffnung durch
einen Stern ausdrücken.
Die Leidenschaft eines Menschen durch
einen strahlenden
Sonnenuntergang.
Vincent van Gogh

Das *Glück deines Lebens*
hängt von der Beschaffenheit
deiner Gedanken ab.
Mark Aurel

Mit **heiterem Angesicht** der
Erde Leiden tragen, das ist des
Himmels Lust,
das lässt uns nicht verzagen.

Friedrich Rückert

Wer die Mitte findet,
sieht das Ganze.
Weisheit aus China

Unendliche Weite

Jene Wolke will ich neiden,
die dort oben schweben darf!
Rainer Maria Rilke

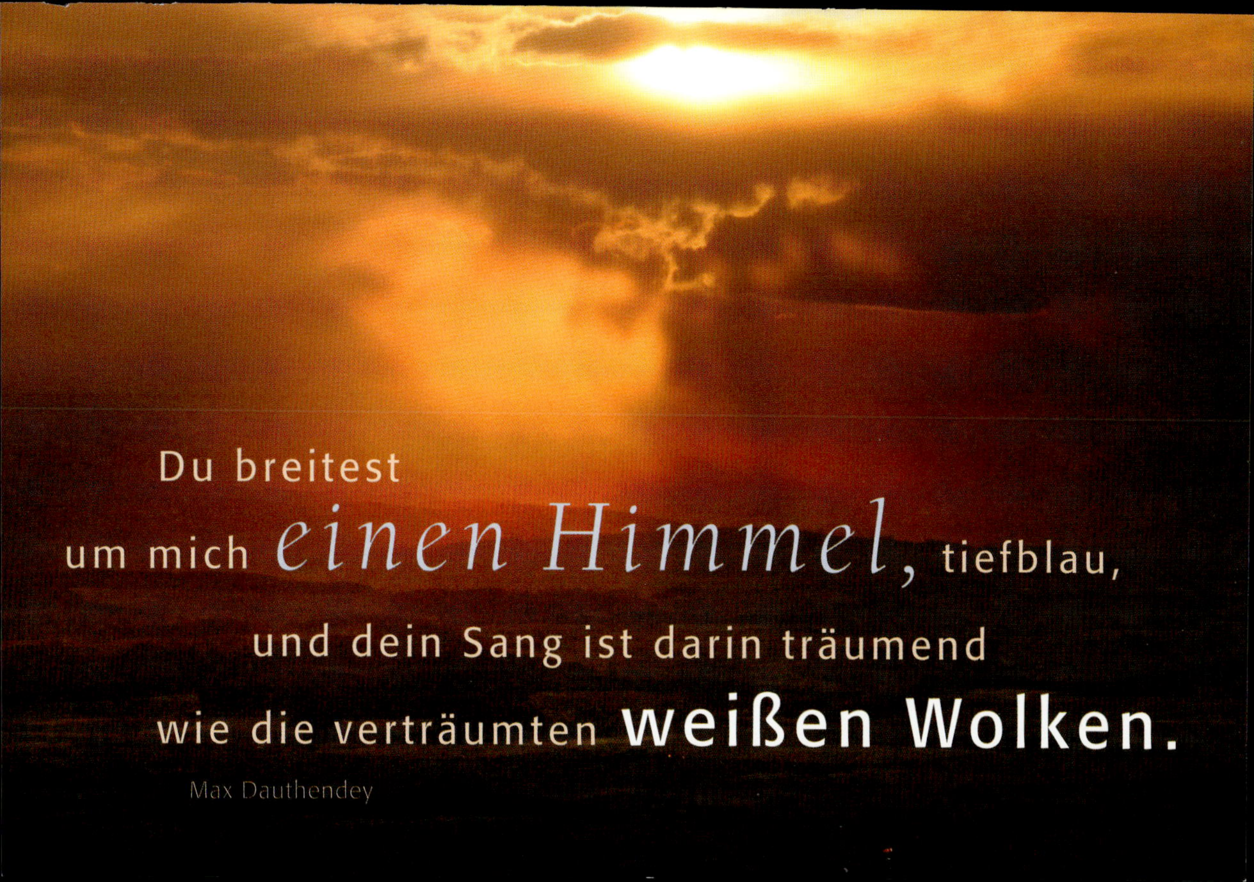
Du breitest
um mich *einen Himmel*, tiefblau,
und dein Sang ist darin träumend
wie die verträumten **weißen Wolken.**
Max Dauthendey

Aus der Stille
kommt die Kraft
zum Kampf.
Mahatma Gandhi

Sanftmut ist der Himmel,
Zorn die Hölle, die Mitte zwischen
beiden ist diese Welt.
Darum, je sanftmütiger du bist,
desto näher bist du dem Himmel.
Martin Luther

Demut ist der Grundstein des Guten …
Mit jenem Sinn im Herzen kann der Mensch
ein gutes Gewissen haben und ruhig abwarten,
dass ihm vom Himmel gegeben werde,
was sich der Mensch nicht nehmen kann.

Matthias Claudius

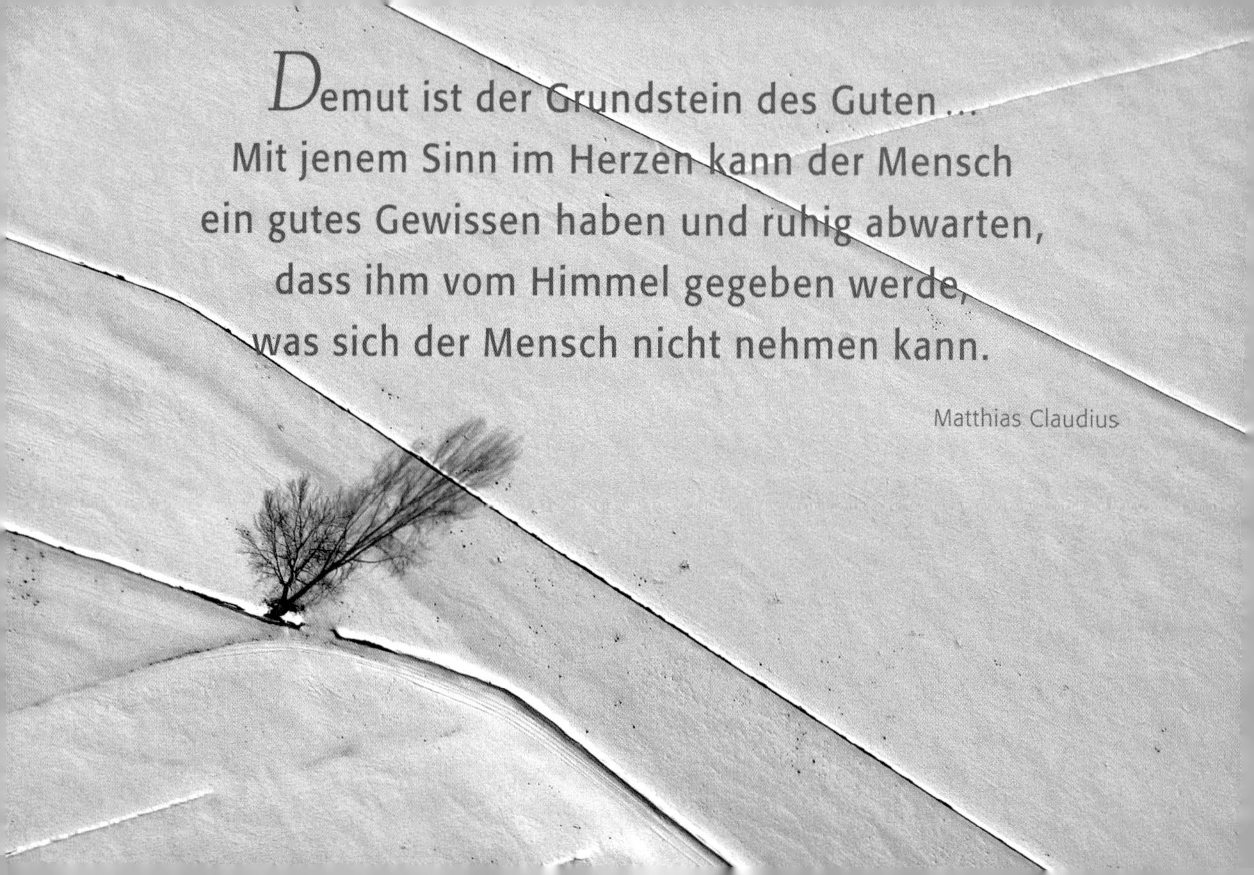

Optimisten wandeln auf der Wolke,
unter der die anderen Trübsal blasen.
Unbekannt

Denen, die lieben, ist nichts zu schwer;
keine Mühe ist zu hart für den,
den die Sehnsucht erfüllt.
Hieronymus

Über den Wolken

Und schöne weiße Wolken ziehn
dahin durchs tiefe Blau wie
schöne stille Träume.
Hermann Ludwig Allmers

Weitsicht

Kein Vogel *fliegt zu hoch,*
wenn er mit eigenen
Schwingen fliegt.
William Blake

Der Duft der Dinge ist
die Sehnsucht,
die sie in uns nach
sich erwecken.
Christian Morgenstern

Stille

Überall hat man den Himmel über sich.
Petronius
Gajus Arbiter

Denn in den Räumen
dieser Wunderwelt ist eben
nur ein Traum das ganze Leben;
und der Mensch (das seh ich nun)
träumt sein ganzes Sein und Tun,
bis zuletzt die Träum' entschweben.
Pedro Calderón de la Barca

Sehnsucht, *Liebe*, Hoffnung,
Verlangen, das ist das wahre Leben.
August von Kotzebue

Wer *fliegen* will,
muss aus allen Wolken fallen!
Unbekannt

Glücklich, wer noch mit dem
Aug' der Sehnsucht sieht!
Robert Hamerling

Du bist die Ruh',
der Frieden mild,
die Sehnsucht du
und was sie stillt.
Friedrich Rückert

Staunen

Den Umfang einer Wolke
misst kein Mensch. Weil sie nicht rastet,
noch ihre Freiheit je vergisst. – Ich glaube:
Keine Wolke ist mit Arbeit überlastet.

Joachim Ringelnatz

Des Menschen Seele gleicht dem *Wasser:*
Vom Himmel kommt es,
zum Himmel steigt es
und wieder nieder zur Erde muss es,
ewig wechselnd.

Johann Wolfgang von Goethe

Manchmal gehe ich
voll *Selbstmitleid* durchs Leben.
Doch immer werde ich von starken Winden
von Horizont zu Horizont getragen.
Indianische Weisheit

Der Mensch soll nicht sorgen, dass er in den Himmel komme, sondern dass der Himmel in ihn komme.

Otto Ludwig

Eigentlich ist es ein Glück, ein Leben lang
an einer Sehnsucht
zu lutschen.
Theodor Fontane

Wenn man mit
Flügeln geboren wird,
sollte man alles dazu tun,
sie zum Fliegen zu benutzen.

Florence Nightingale

Die ganze Welt
ist voller
Wunder.
Martin Luther

Du bist deine eigene
Grenze,
erhebe dich darüber.
Hafis

Liebevolle Demut ist eine gewaltige Macht, die stärkste von allen, und es gibt keine andere, die ihr gleichkäme.

Fjodor Michailowitsch Dostojewski

Die Wunder ruh'n,
der Himmel ist verschlossen.
Friedrich von Schiller

Träume dir dein Leben schön
und mach aus diesen Träumen eine Realität.
Marie Curie

Gleich einer ziehenden
Wolke durch nichts gebunden:
Ich lasse einfach los,
gebe mich in die Launen
des Windes.
Daigu Ryôkan

Wage zu irren und zu träumen,
hoher Sinn liegt oft
im kindlichen Spiel.
Friedrich von Schiller

Bleibe nicht am Boden haften,
frisch gewagt und frisch hinaus!
Kopf und Arm mit heitern Kräften, überall sind
sie zu Haus; wo wir uns der Sonne freuen,
sind wir jede Sorge los; dass wir uns in ihr zerstreuen,
darum ist die Welt so groß.
Johann Wolfgang von Goethe

Sich fallen lassen

Träume sind wahr, solange wir sie träumen, und leben wir nicht immer im Traum?
Alfred Lord Tennyson

Nicht in die Ferne,
in die *Tiefe* sollst du reisen.
Ralph Waldo Emerson

Je tiefer man die Schöpfung erkennt,
umso größere Wunder
entdeckt man in ihr.
Martin Luther

Nur der Himmel ist die Grenze.
Unbekannt

Ein Traum ist unerlässlich,
wenn man die Zukunft gestalten will.
Victor Hugo

Wünsche wie die Wolken sind,
schiffen durch die stillen Räume,
wer erkennt im lauen Wind,
obs Gedanken oder Träume?
Joseph von Eichendorff

Wer die Sterne sehen will,
muss in den Himmel schauen.
Unbekannt

Blickt auf die Weite, die Festigkeit,
die Raschheit des Himmels
und hört einmal auf, Wertloses zu bewundern!

Anicius Boethius

Wohin mein Weg mich führen mag,
der Himmel ist mein Dach,
die Sonne kommt mit jedem Tag,
die Sterne halten Wach'.

Joseph von Eichendorff

Denn ein Traum ist alles Leben
und die Träume selbst ein Traum.

Pedro Calderón de la Barca

Wenn man nicht weiß, wohin man will,
kommt man am weitesten.
William Shakespeare

Es gibt kein *Wunder* für den,
der sich nicht wundern kann.
Marie von Ebner-Eschenbach

Freud und Liebe, wo ihr fehlt, find ich eine Lücke.
An des Lebens Horizont seid ihr Sonnenblicke.
Julius Langbehn

Wunder geschehen
plötzlich. Sie lassen
sich nicht herbei-
wünschen, sondern
kommen ungerufen,
meist in den un-
wahrscheinlichsten
Augenblicken und
widerfahren denen,
die am wenigsten
damit gerechnet
haben.
Georg Christoph Lichtenberg

Glauben heißt:
durch den Horizont blicken.
Weisheit aus Afrika

Der Frosch im Brunnen ahnt nichts von
der Weite des Meeres.
Weisheit aus China

Aus den Wolken muss es fallen,
aus der Mutter Schoß das Glück,
und der mächtigste von allen
Herrschern ist der Augenblick.

Friedrich von Schiller

Das Staunen ist eine Sehnsucht nach Wissen. Thomas von Aquin

Vergiss nicht, dass jede Wolke, so schwarz wie sie ist, dem Himmel zugewandt, doch ihre Sonnenseite hat.
Friedrich Wilhelm Weber

Gelassenheit

Es funkeln auf mich alle Sterne
mit glühendem Liebesblick,
es redet trunken die Ferne
wie von künftigem, großem Glück.

Joseph von Eichendorff

Lasst uns immer in den großen Traum
des Lebens kleine bunte Träume weben.

Jean Paul

Das Meer hat seine Perlen, der Himmel hat seine Sterne.
Aber mein Herz, mein Herz hat seine Liebe.
Groß ist das Meer und der Himmel, doch größer ist mein Herz
und schöner als Perlen und Sterne leuchtet und strahlt meine Liebe.

Unbekannt

Die Sonne scheint für dich – deinethalben,
und wenn sie müde wird,
fängt der Mond an und dann
werden die Sterne angezündet.
Søren Kierkegaard

Die Stille ist ein Element,
worin sich große Dinge selbst verwirklichen.
Thomas Carlyle

Ich habe euch immer *geliebt*,
ihr Wolken des Himmels!
Heinrich Seidel

Nimm dir Zeit, um zu träumen.
Das ist der Weg zu den Sternen.
Weisheit aus Irland

Am Himmel geschehen
Zeichen und Wunder.
Friedrich von Schiller

Welt der Wunder

Lass den Himmel sich auf der Erde
widerspiegeln, auf dass die Erde
zum Himmel werden möge.
Dschelal ed-Din Rumi

Es ist wenig, was man zur Seligkeit braucht.
Friedrich von Schiller

Ich kann,
weil ich will,
was ich muss.
Immanuel Kant

Ein Traum ist unser Leben auf Erden hier.
Wie Schatten auf den Wogen schweben und schwinden wir
und messen unsre trägen Tritte nach Raum und Zeit;
und sind (und wissens nicht) in Mitte der Ewigkeit.

Johann Gottfried von Herder

Ferne

Eine Idee,
die nicht gefährlich ist,
verdient es nicht, überhaupt Idee
genannt zu werden.
Oscar Wilde

Das Leben
gilt nichts,
wo die
Freiheit fehlt.
Karl Theodor Körner

Nimm alles leicht! Das Träumen lass und Grübeln!
So bleibst du wohl bewahrt vor tausend Übeln.

Ludwig Uhland

Man muss, will man sein Glück
genießen, die Freiheit zu behaupten wissen.
Christian Fürchtegott Gellert

Freiheit kann man einem zwar lassen, aber nicht geben.
Friedrich von Schiller

*D*ie größten **Wunder** gehen in der größten Stille vor sich.

Wilhelm Raabe

Auch die dunkelste Wolke
hat einen silbernen Rand.
Weisheit aus China

Die Freiheit lässt sich nicht gewinnen,
sie wird von außen erstrebt.
Wenn sie nicht zuerst von tief innen
im eignen Busen dich belebt.
Robert Eduard Prutz

Wie leer ist die Welt für den, der sie einsam durchwandert!

Glück, Glück!
Wer will sagen,
was du bist
und wo du bist!

Theodor Fontane

Schläft ein Lied in allen Dingen, die da träumen fort und fort,
und die Welt hebt an zu singen, triffst du nur das Zauberwort.

Joseph von Eichendorff

Des Menschen **Wünsche**
sind sein **Himmelreich**.

Sir Thomas More

Ein Tag kann eine Perle sein
und ein Jahrhundert nichts.

Gottfried Keller

Nur das,
was in Freiheit wahrhaft aus uns selbst kommt,
hält die Seele wirklich und wahrhaft fest.
Friedrich Wilhelm Joseph von Schelling

Es mag sein,
dass ich
meine Ziele
nie erreichen werde,
aber ich kann
sie schauen,
mich an ihnen erfreuen
und sehen,
wohin sie
mich leiten.

Amos Bronson Alcott

Die Traumbilder sind wie Spiegelbilder im Wasser,
durch die Bewegung verzerrt,
und man muss verstehen,
in dem verzerrten Bilde das Wahre zu erkennen.

Aristoteles

Nicht jede Wolke erzeugt
ein Gewitter.
William Shakespeare

Betrachte den Traum
wie das Gebet deiner
dir selbst entflohenen Seele.

Carl Ludwig Schleich

Leben allein genügt nicht,
sagte der Schmetterling,
Sonnenschein, Freiheit
und eine kleine Blume muss man haben.
Hans Christian Andersen

Meine Wünsche streifen an das Unmögliche:
So habe ich ihrem Flug und Zug nachsehen lernen
wie dem der Vögel in der blauen Luft.

Adele Schopenhauer

Nach dem Sternenhimmel ist das
Größte und Schönste, was Gott erschaffen hat, das Meer.
Adalbert Stifter

Aus roten Morgenwolken blüht
der blaue Tag in blasser Seligkeit ...
Und über Raum und Zeit
erhebt sich mein Gemüt zu dir.

Christian Morgenstern

In der ganzen
Natur ist kein Lehrplatz,
lauter Meisterstücke.
Johann Peter Hebel

Ruhe

Manchmal muss man den Blick zu
den Sternen aufheben, um die Orientierung
nicht zu verlieren.
Unbekannt

Der Blick über die Welt hinaus
ist der einzige, der die Welt versteht.
Richard Wagner

Wer glaubt,
kann keine Wunder erleben.
Bei Tag sieht man keine Sterne.

Franz Kafka

Ein Tempel, wo wir knien,
ein Ort, wohin wir ziehn,
ein Glück, für das wir glühn,
ein Himmel mir und dir!
Novalis

Je höher du
wirst aufwärts
gehn, dein Blick wird
immer allgemeiner; stets einen
größeren Teil wirst du vom Ganzen
sehn, doch alles Einzelne wird
immer kleiner.
William Shakespeare

Der Mensch, wie sehr ihn auch die Erde anzieht mit ihren
tausend Erscheinungen, hebt doch den Blick sehend zum Himmel auf,
der sich in unermessenen Räumen über ihm wölbt, weil er tief und klar
in sich fühlt, dass er ein Bürger jenes geistigen Reiches sei, woran
wir den Glauben nicht ablehnen und aufzugeben vermögen.
Johann Wolfgang von Goethe

Die Welt kann nur gut und
rein sein, wenn unser Leben
gut und rein ist. Sei rein und
gelassen, die gereizte Seele
kann das Innere
nicht widerspiegeln.
Swami Vivekânanda

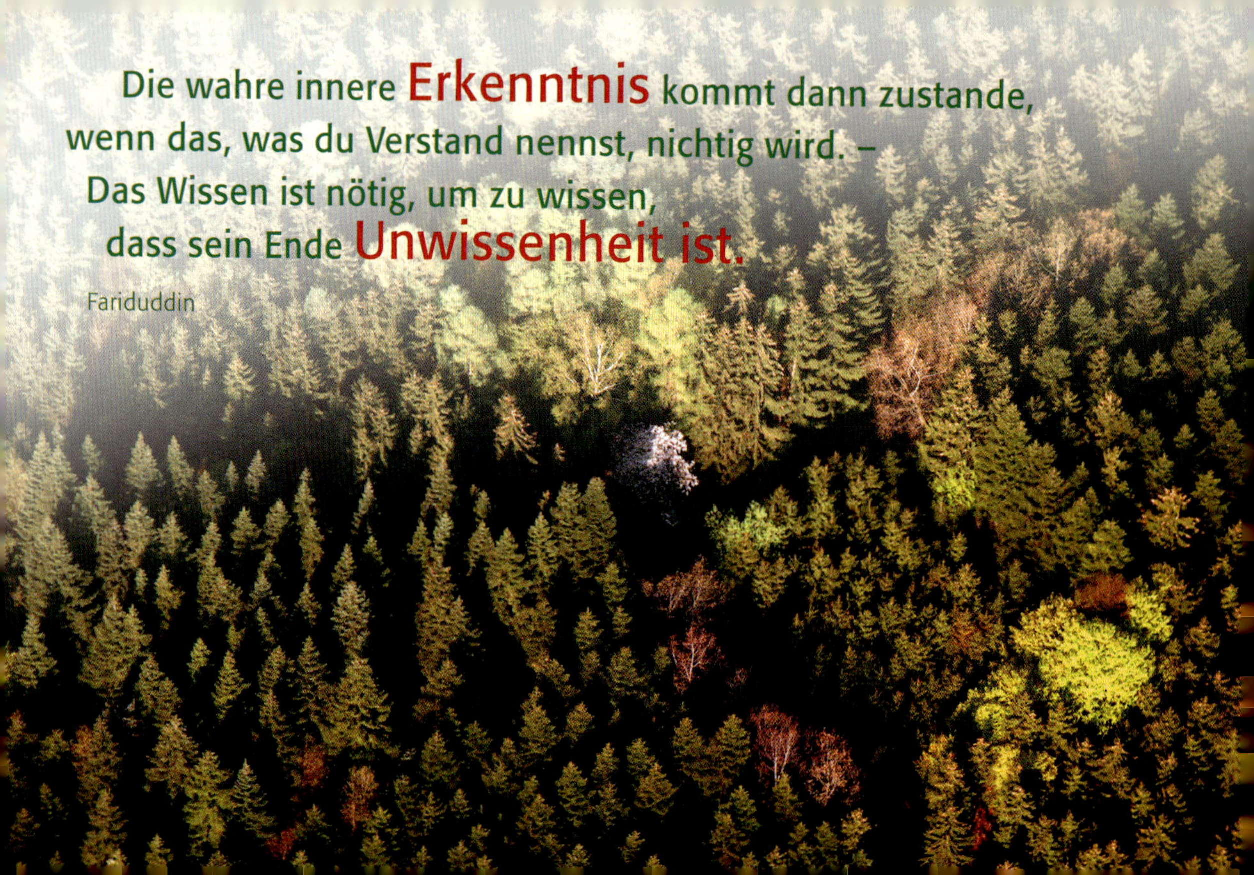

Die wahre innere **Erkenntnis** kommt dann zustande,
wenn das, was du Verstand nennst, nichtig wird. –
Das Wissen ist nötig, um zu wissen,
dass sein Ende **Unwissenheit ist.**

Fariduddin

Wenn mich jemand zwingt, Abstand
zu wahren, habe ich den Trost,
dass er ihn gleichfalls
wahrt.
Jonathan Swift

Die Freiheit ist wie Licht und Sonne;
man muss sie verloren haben, um zu verstehen,
dass man ohne sie nicht leben kann.
Giacomo Matteotti

Schau auf niemand herab
und wirf dich selbst
für nichts weg.
Johann Kaspar Lavater

Willst du, Geliebter, Freiheit finden,
sei gleich zu allen, wer es immer sei.
Shankara

Wenn jemand vom
Himmel herab auf die Erde
hinblickte, was würde er wohl
für einen Unterschied finden
zwischen dem, was wir tun,
und dem, was Ameisen
und Bienen treiben?
Aulus Cornelius Celsus

Die Welt wird Traum, der Traum wird Welt!
Novalis

Der gesegnete Regen, der köstliche, sanfte Regen ströme auf dich herab. Die kleinen **Blumen** mögen zu blühen beginnen und ihren köstlichen Duft ausbreiten, wo immer du gehst. Der große Regen möge deinen **Geist erfrischen,** dass er rein und glatt wird wie ein See, in dem sich das Blau des Himmels spiegelt und manchmal ein Stern.

Altirischer Segenswunsch

Ein großer Geist
irrt sich so gut wie ein
kleiner, jener, weil er
keine Schranken kennt,
und dieser, weil er
seinen Horizont für
die Welt nimmt.

Johann Wolfgang von Goethe

*L*eben heißt **träumen**.

Weise sein heißt angenehm träumen.

Friedrich von Schiller

Wenn ich ein großes Problem
habe, stelle ich mir die Erde
von einem fernen Punkt im
Weltall aus betrachtet vor:
Wie klein ist sie doch
und wie klein ist mein
Problem!
Friedrich II.

Der Ursprung aller
Dinge ist klein.
Marcus Tullius Cicero

Wie klein sind doch die
Menschen, wenn man
so bedenkt.
Titus Maccius Plautus

Scheint die Welt so groß,
weil der Kopf so klein?
Wilhelm Busch

Die größte Offenbarung
ist die Stille.
Laotse

Im Traum und auf Reisen
gibt es keine Unmöglichkeiten.

János Arany

Es ist nicht groß oder klein,
was auf der Landkarte so scheint.
Es kommt auf den Geist an.
Johannes von Müller

Es ist nichts so klein und wenig,
woran man sich nicht begeistern könnte.

Friedrich Hölderlin

Alles Beste,
wie überall im Leben,
liegt jenseits der
großen Straße.
Theodor Fontane

Höher als alle Vögel fliegen
Wunsch und Hoffnung.
Weisheit aus Java

Alles Menschenwerk,
wie alle Vegetation, erscheint klein
gegen die ungeheuren Felsmassen
und Höhen.
Johann Wolfgang von Goethe

Respekt

Wie sind wohl die Menschen
zu dem Begriff von Freiheit gelangt?
Es war ein großer Gedanke.

Friedrich von Schiller

Der gewöhnliche Mensch
ist groß in kleinen Dingen
und klein in großen Dingen.
Konfuzius

Wenn es gefährlich ist,
ein bisschen zu träumen,
dann ist das Heilmittel dagegen nicht,
weniger zu träumen, sondern mehr,
ja die ganze Zeit zu träumen.
Marcel Proust

Es gibt ein Naturwunder,
das noch größer ist als das Meer.
Das ist der Himmel.

Victor Hugo

Plane das Schwierige da, wo es noch leicht ist.
Tue das Große da, wo es noch klein ist.
Alles Schwere auf Erden beginnt stets als Leichtes.
Alles Große auf Erden beginnt stets als Kleines.
Laotse

Fliege so hoch du träumen kannst.
Unbekannt

Wahrlich:
Groß ist der Weg,
groß der Himmel,
groß die Erde,
groß der König!
Vier Große gibt es
in den Grenzen des Alls.
Der Mensch ist einer von ihnen.
Laotse

Dass wir uns in ihr zerstreuen, darum ist die Welt so groß.
Johann Wolfgang von Goethe

Die Welt ist groß,
besonders oben!

Wilhelm Busch

Nie in die ferne Zeit verliere dich!
Den Augenblick ergreife! Der ist dein.
Friedrich von Schiller

Es gibt eine Stille,
in der man meint, man müsse
die einzelnen Minuten hören,
wie sie in den Ozean der Ewigkeit
hinuntertropfen.

Adalbert Stifter

So selten kommt der Augenblick im Leben,
der wahrhaft wichtig ist und groß.
Friedrich von Schiller

Groß ist die Mühe, den Himmel zu ersteigen, doch für die Seele ist es eine Heimkehr.

Lucius Annaeus Seneca

Wir wissen nicht, wie groß wir sind,
bis sie uns zum Aufstehen zwingen.
Und wenn wir es dann wirklich tun,
wird unser Kopf durch die Wolken dringen.

Emily Elizabeth Dickinson

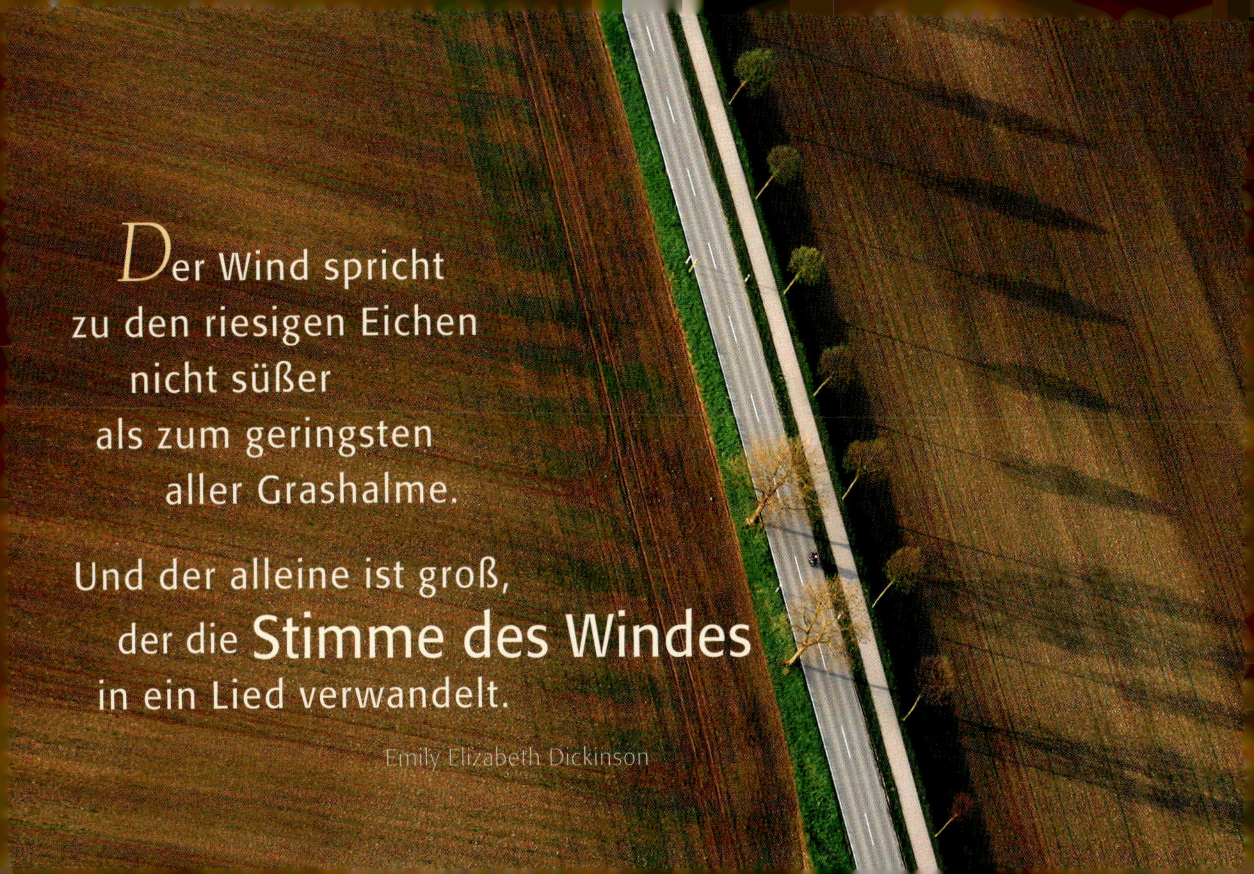

Der Wind spricht
zu den riesigen Eichen
nicht süßer
als zum geringsten
aller Grashalme.

Und der alleine ist groß,
der die **Stimme des Windes**
in ein Lied verwandelt.

Emily Elizabeth Dickinson

Der Welten Kleinstes ist auch wunderbar und groß.
Und aus dem Kleinen bauen sich die Welten.

Emily Elizabeth Dickinson

Die Freiheitsliebe ist eine Kerkerblume,
und erst im Gefängnis fühlt man den Wert der Freiheit.

Heinrich Heine

Ebenso groß wie der sichtbare Weltraum
ist dieser Raum im Innern des Herzens.
In ihm sind beide, Himmel und Erde, beschlossen,
Feuer, Wind, Sonne und Mond –
alles ist darin beschlossen.

Weisheit aus den Upanischaden

Das ist der Weisheit letzter Schluss;
der verdient sich Freiheit wie das Leben,
der täglich sie erobern muss.
Johann Wolfgang von Goethe

Jeder angenehme Augenblick
hat Wert für mich –
Glückseligkeit besteht nur in Augenblicken.
Ich wurde glücklich, da ich das lernte.
Caroline Schlegel-Schelling

Demut ist die Bescheidenheit der Seele.

Voltaire

Seelenruhe

Alle Wege bahnen sich vor mir, weil ich in Demut wandle.

Johann Wolfgang von Goethe

Du hast in dir
den Himmel und die Erde.
Hildegard von Bingen

Die Erde gehört
nicht den Menschen,
der Mensch gehört der Erde.
Chief Seattle

Raum für alle hat die Erde ...
Friedrich von Schiller

Schau herunter, und du wirst sehen,
wie hoch du stehst.
Jüdisches Sprichwort

Die Welt ist schön, die Welt ist gut, gesehen als Ganzes,
der Schöpfung Frühlingspracht, das Heer des Sternentanzes,
die Welt ist schön, ist gut, gesehen im einzelst Kleinen;
ein jedes Tröpfchen Tau kann Gottes Spiegel scheinen.

Friedrich Rückert

Lache in die Welt,
die Welt lacht zurück.
Weisheit aus Amerika

Schönheit ist der Sinn der Welt.
Schönheit genießen heißt
die Welt zu verstehen.
Otto Julius Bierbaum

*D*ie größte Sinnlichkeit
ist die **Fantasie …**

Christian Morgenstern

Wie auf Wolken

Der Mensch ist
Himmel und Erde
in Miniatur.
Weisheit aus China

Der Wunder höchstes ist,
dass uns die wahren, echten Wunder
so alltäglich werden können.

Gotthold Ephraim Lessing

Ein Wunder
ist die Welt, das nie
wird ausgewundert,
das niederschlägt den
Geist und wieder ihn
ermuntert.

Friedrich Rückert

Menschen reisen, um die Höhe der
Berge zu bestaunen, die riesigen Wellen
des Meeres, die Länge der Flussläufe,
die ungeheure Ausdehnung des Ozeans,
die Umlaufbahnen der Sterne – und sie
gehen an sich selbst vorüber,
ohne zu staunen.
Aurelius Augustinus

Die *Poesie* der Erde endet nie …
John Keats

Die **Sterne** lenken das Schicksal der Menschen,
Gott lenkt die Sterne.

Tycho Brahe

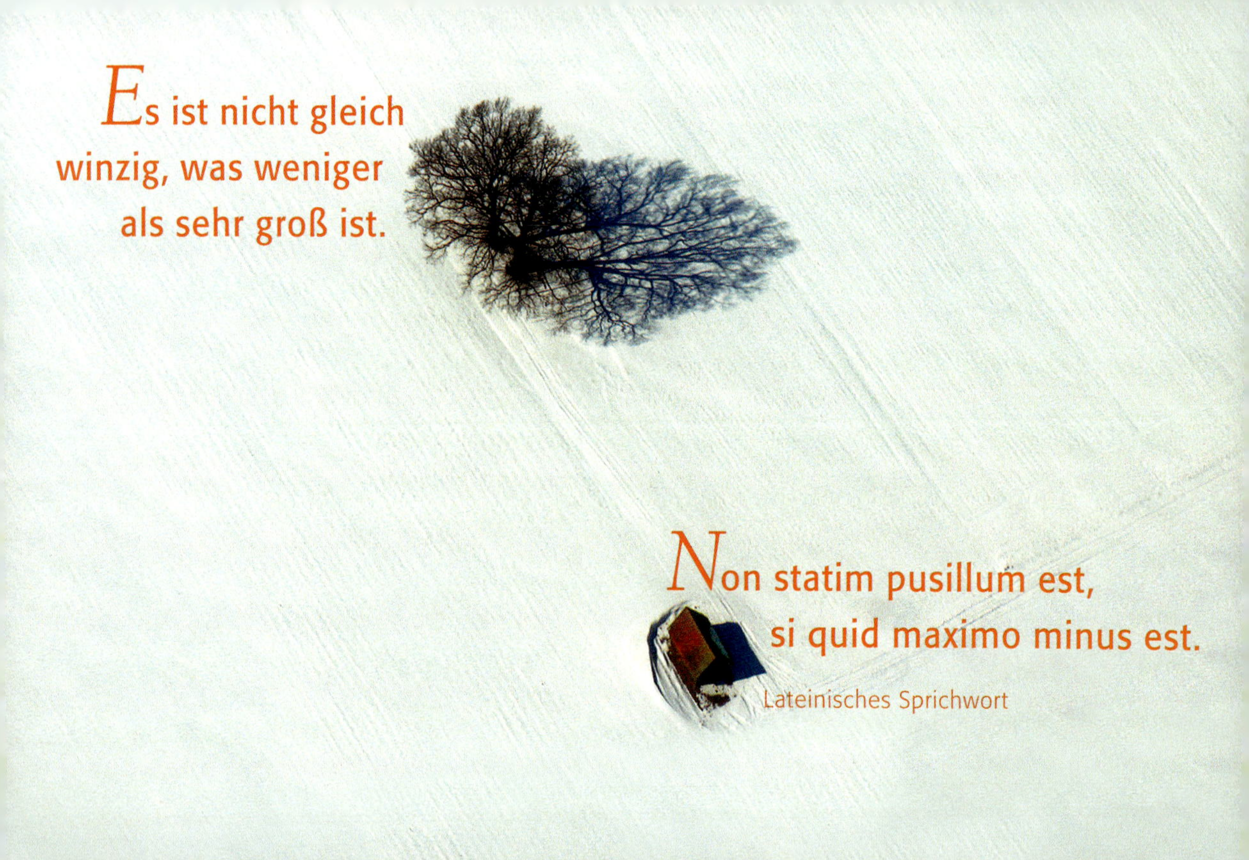

Es ist nicht gleich
winzig, was weniger
als sehr groß ist.

Non statim pusillum est,
si quid maximo minus est.

Lateinisches Sprichwort

Sich treiben lassen

Der größte Lohn der
Selbstgenügsamkeit
ist die Freiheit.
Epikur von Samos

Nichts Ewiges kann
das Glück uns geben,
denn flüchtiger Traum ist
Menschenleben und selbst die
Träume sind ein Traum!
Pedro Calderón de la Barca

Blick in die schöne Natur
und beruhige dein Gemüt!
Ludwig van Beethoven

Was in der Welt dir nicht gefällt,
musst du dir gelassen gefallen lassen.
Paul von Heyse

Freiheit ist kostbarer als jedes **Geschenk,** das dich dazu verleiten mag, sie aufzugeben.

Balthasar Gracián y Morales

Wenn der Weise dann sich sorgfältig von Sorglosigkeit befreit hat und den Turm der Weisheit erstiegen hat, sieht er leidenschaftslos herab auf diejenigen Leute mit begrenzter Sicht am Boden.

Aus dem »Dhammapada«